오늘도 하늘은 오렌지 빛깔

오늘도 하늘은 오렌지 빛깔

김희진 시집

月刊文學 출판부

| 시인의 말 |

시의 붓으로만 그려지는 언어들

시의 별은 늘 내 가까이,
때로는 멀리 빛나고 있었습니다.

시의 붓으로만 그려지는 언어들
아직도 그의 그림자 뒤에서 따라가고 있는 중입니다.

온전히 잉태되지 못한 인고의 현실 속에서
애정 담은 격려와 배려 속에 문학의 길 짚어갑니다.

언어가 다른 문화권에 둥지를 튼 자녀들과 소통하며 함께
여행을 통한 추억들을 담았습니다.
시가 내게 들어와 준 마음을 간직하고 싶었습니다.
서툰 저의 졸필에 용기와 격려를 주신 홍금자 선생님,
서평을 맡아주신 정성수 한국문인협회 부이사장님께
깊은 감사의 마음을 올립니다.

2022년 10월
김희진

차례

자가격리 2

봄꽃 피다 3

공항 가는 길 4

| 작품해설 |

1

꽃잎 스쳤던 자리

담쟁이

큰 그물로 영역을 넓힌다
손가락 펼치는 자리마다
고여가는 목숨

한 땀 한 땀
자아올린 생명줄

눈보라 비바람에도
그리고 광열한 태양 빛도
마다 않은 채
주어진 그 길을 기어 올랐다

가다가 힘들면
서로의 어깨 내어주기도 하고
인내로 발효된
사랑을 하기도 했다

쉬지 않고 달려온 길
가파른 오르막길마다

팽팽하게 곧추세운
끈질긴 삶의 오롯함

꽃잎 스쳤던 자리

지난밤 들리던
갈바람 흩날리는 소리

아침 창 열어
점점 맑아지는
귀를 연다

꽃잎 스쳤던 자리
호수처럼 맑고 깊은
마음의 마디마디
우리들의 발자취 남아
보랏빛 내일을 셈하며 걸었던
원시림 같은
아름다웠던 날들

이 가을 공손히 받는다

영국 런던의 풍경

가로등이 켜질 무렵
종착지 판크라스역
거리엔
만남과 이별
허깅하는 입맞춤의 무리

늦은 아침
열린 햇빛 속으로
웅장한 버킹엄 궁
근위병 교대식
동화속 그림이다

축복인 양 흐르는
템즈강 유람선
이방의 낯선 걸음이
잘린 시간들 사이로
잠시 힘든 발목 다독이며
떠나와 남긴
그리움을 생각해 본다

해가 지지 않는다는 땅에 서서

체스키 크롬로프

체코의 골목길
동화 나라에 온 듯하다

블타바 레프팅 같은
하얀 웃음소리
낯선 이방인에게
그늘이 되어주는
꽃과 나뭇잎
밤하늘 별빛은
성곽 둘레길을
수놓은 화려한 보석
색종이를 오려 두었다

퍼포먼스 하는 인형처럼
거리 한복판을 누비는
거리의 예술인들
마주 보며 눈인사
정겹게 건넨다

내 기억 창고에
오래오래 간직할
삶의 방식 하나

블타바강 카를교

14세기 카를 왕 4세의
전용 다리

체코인이 가장 숭상하는
얀네포무크 앞에서
소원을 빌면 이뤄진다는
그 말 믿고 싶은 하루

블타바강
빠른 유속에 몸 맡기고
건너던 평민들의 삶
그 애환, 역사에 잠기고
이제는 관광 유람선으로
악사들의 선율 속 흐르는 강물
블타바강 카를교

내 어린 날
우리네 품바가 떠올라
잠시 추억에 잠기는 시간

겨울 왕국
——러시아

순수의 은빛
그 빛의 씨
여기서부터
생겨났나 보다

창공에 차오르는
수많은 구름 떼
겹겹이 펼쳐 채우는
우주 공간

하얗게 수놓은
산수화 한 폭
신비한 창조주의 작품
계획 중이었나 보다

러시아
겨울 왕국
너에게 안겨
이국의 하늘을 본다

큘드린긴 파크
—스웨덴에서

공원을 중심으로
연결된 길과 길 사이
뿜어 올리는 분수

상수리나무 잔디밭 길
자전거 페달을 밟는
아이들의 활기찬 모습

스웨덴 큘드린긴 파크
바람결이 펼쳐낸 연주회
자연은 어디에서나

빛으로, 소리로만
존재한다

눈에 보이는 모든 것
마음에 닿는 꽃과 나무들
모든 것 맘껏
사랑할 수 있는 하루

체코 프라하

성 비투스 대성당
스테인글라스에 새긴
깊고 넓은 문양

프라하의 거리
한복판
민주주의를 외치던
젊은 구국의 피
자유를 목숨으로 바꾼
그 길을 넘어
프라하 왕궁
가파른 성곽 계단 딛고
마주치는 이방인의 눈인사

자비의 선한 눈빛 어린
성당의 십자가 첨탑
고대 성채 앞에서
난 자꾸만 아득해지는
서울 거리를 생각한다
'그립다'란 말 한마디

그해 여름

2018년
그 뜨겁던
백십일 년 만의
열풍의 폭도 앞에서
누구도 어쩌지 못했다

잘 마른 나무
불태우듯
한여름 내내
햇살은 뜨거운
폭염을 쏟아냈다

나뭇잎들은 바삭바삭
잎 말라가고 도시는
맨살로 태우는
폭염의 등뼈

지나온 계절이
남겨둔 서늘함이

묵중한 발열로
토해내는 격랑의 시간
그해 여름은
그렇게 불 밭이었다

쉐레메찌예보 공항에서

한숨 차이로
늦게 도착한
게이트 앞
순간 문 닫히는 소리
이국에서의 난감함

기막힌 상황이다
겨우 저녁 비행기로
탈 수 있었다
두근대는 가슴은
기내에 자리를 잡고
앉을 때까지
멈추지 않았다
몇 시간의 비행 끝에
발 디딘 인천공항
내 나라, 내 땅
이토록 편안함과 안도감
일상을 단박에
저당 잡혔던

낯선 땅에서의 서늘함
아, 내 조국이여

구룡폭포

그곳에 가고 싶다
내 땅 금단의 구역 안에 있는
거기
아래로 힘차게 내려꽂는
거센 물줄기
처음으로 눈 맞추며
만난 신비로운 계곡의
물의 노래

물안개 함께 어우러져
쏟아지는 사이사이
우리들의 아픈
눈물을 보았다

한 줄기 꿈으로만 남아있는
이 땅의 이정표
언제쯤 맘껏
우리들의 노래
부를 수 있을까

지중해

너의 속살
청록의 빛 에메랄드
햇살과 어우러져
눈이 부시다

둥글게 밀려오는 파랑
어디서부터
풍만한 가슴을 안고 오는가

한사코
절규란 말을 하고 싶지 않다
다만
촉수 낮은 슬픈 사랑이라
말하고 싶다
지중해를 건너면서

백두산에서

새벽을 열었다

하늘과 땅
한 몸이 되어
잉태한 이 나라

수천 년
그루터기로 앉아
키워온 생명의 땅
오호라
이 땅 젖줄의 근원
찢어지고 아픈
상처 난 언 발로
얼마나 그곳을 향한
큰 발걸음의
염원이었던가

가슴과 가슴
혈맥을 이어온

내 나라 내 민족의
푸른 태반으로
고여있는 알몸의 정기

어서 오라
붉은 태양이여
하나가 된 저기
온전한 백두를
만날 때까지

야생화

길의 끝자락 쯤에서 만난
너의 이름 야생화
다문다문 피어서
지나는 이들의
눈길을 잡는다

풀 한 포기 꽃잎 한 장
갈색 반점
여실히 아픈 상처로 남아
거저 핀 것 하나 없으니
인생의 고비
어느 하나
쉽게 된 것 없듯이

사계절
바람 햇볕 온도
우리 삶에 스미는 풍우
잘 참고 견뎌낸 자
이 꽃처럼
아름답다 말하리라

눈꽃 풍경

일월의 하얀 눈
겨울을 삼킨
눈의 사자

겨울 산 위
눈꽃이 간밤에 피었다

그 무서운 추위와
눈보라 견디며
꽃으로 환생하는 너

눈꽃 세상
만나고 내려가는
뒷 풍경
너를 남겨 놓는
낙관 한 점

설도 이발관

우리 동네
설도 이발관

어린 시절
이발소에 다녀오면
엄마의 머리 검색
좀 더, 좀 더
자르지 않고
더 짧게 더 짧게
자르지 못했다고
음성 높이시던 엄마

어쩌다 길에서
이발소 정씨 아저씨 만나면
금새 자라는 아이들 머리
길게 잘랐다고 한마디

이제
그 많이 잘려나간 머리칼

어디로 갔는지
얇고 가늘어진 머리털 남아
부지런히 영양제 바르며
내 몸처럼 아끼는
머리카락 한 올, 한 올

저 찬란한 풍광

하늘 한편을
떠 다 물들인
스웨덴 서쪽

빛의 광선
저 찬란한 풍광

자연이 그려낸
푸름과 진홍의 짜깁기
그 아래 파스텔톤의
저녁 배경

누군가의 가슴이
그리워지는 별 밤

2

자가격리

아버지의 무게

가난이란
굴레 벗기 위해
막노동도 마다 않고
칠 남매 입성 먹성을
짊어지셨던 아버지

위장병으로
약을 달고 사시면서도
자식들에겐 입담 좋게
지난날 건넜던 생의 얘기들
전설처럼 풀어내셨던
달변의 아버지

상처와 아픔의
짧지 않으셨던 삶
비틀비틀 견뎌내셨던
삶의 무게
서러운 나의 아버지

자가격리

자유를 누리던
하늘과 땅길
그 발걸음
낯선 이방의 바이러스가
꽁꽁 묶었다

집마다 대문 걸어놓고
식구들까지도
마스크로 막아야 했다
참으로 이상한 세상

그 많던
자유분방한 시간들
모두 어디로 떠나고
이제 서로가 서로를
격리하며 눈짓으로만
말해야 한다

십사 일간 외출 금지
내 집 밖 세상이 그리운 시간

연어

바다에서의 회귀
험한 풍랑
야성의 공격
비늘과 지느러미로
방패를 삼았다

태평양 넘어
알레스카까지
귀향해야 할
시련의 길목
삶의 여정 알기에
피를 토하듯
타는 목마름
귀향을 위해
단단한 붉은
속살 채웠다

아련한 후각
본향의 산란 터

그 길 위해
한 생을 걸었다

가을 산책

이른 새벽
우장산에 오른다
키 큰 나무들 사이로
커다랗게 열린 산길
그 끝으로 좁은
산책로를 만난다

산의 마음에
내 마음 닿을 수 있을까
그 산길을 오른다

고요가 스러지는
햇살이 퍼진다
어느새
나뭇잎 하나, 둘
머리 위로 떨어진다

새의 날갯짓을
닮아간다

켜켜이 쌓는 낙엽들의 습성
그 길 위를 걷는 아침 산책

풍차 마을

나막신을 신었다
이국인들과 스킨십
갈대 숲 우거진
강둑을 따라
풍차는 날개를 펴고

식용유를 짜고
염료 물감이나
겨잣가루를 빻아 놓는
너는 현모양처

목화송이 흰구름
물빛 더 푸른 하늘
그대로 강물에
드리운 풍차

서로의 어깨를
기대고 걸으며
신비한 햇무리를 보았다

화관 쓴 해의 얼굴에
더해내는 네덜란드 풍차 마을

골드코스트

군청색 아니 쪽빛
멀리서부터
에메랄드빛
파도가 밀려온다

잔물결 한 움큼 받아
포말에 입맞춤하면
물거품이 남긴
사랑의 농도

진하게 다져진
숨결 같은 모래알
광활한 공간
우뚝 솟은
빌딩 향해
발을 담가본다

바다가 하늘인 듯
하늘이 바다인 듯

흰구름과의 수평선
온통
끝없는 바다

이집트에서 건너오다

수만 년
비바람 태양 열기에
단련된 사금의 광채
국화꽃 무늬로
다시 살아나다

어느 쪽으로 보아도
눈을 당기는 매혹적 색감
하늘을 날아
이방인의 사랑이 되었다

깊고 오묘한 결 따라
무늬 져 오는 긴 시간
종국에 한 가족이 된
이집트 수석

해바라기

오직 한 사람만 열망하여
고개 돌려 태양을 본다
샛노란 꽃술 둥글게 펴
짜 올린 열애의 방석

한 곳만 애모하는 맘
너무 커 빛 바라기가
되어버린 망부석

일편단심
동쪽에서 서쪽으로
뼈 마디마디 까맣게
그리움이 박혔다

할아버지 수염은 까마리

귀여운 손주
여늬 때와 다른
뽀뽀 세례
뚝, 그쳤다

할아버지 얼굴에
까마리
눈 비비고 찾아도
까마리는 없었다

그 자리
뾰족한 할아버지의 수염

또다시 가을이 왔건만

햇볕 맑고 빛나는 가을
긴 기다림 속
단풍 물들고
갈대 맘껏 흔들려도
문밖 손 내밀지 못하는
코로나19 팬데믹
언제쯤
이 문 열고 세상 밖
자유로이 나갈 수 있을까

가양동 호수공원

잊혀지지 않는
기억 속 거기

어머님과 은행알
씻던 그 웅덩이
그 저수지엔
보랏빛 수련
꽃대 올리고
연꽃 봉오리
물잠자리 노랑나비
어미 뒤따르는
오리 가족

물새 떼 날아오르고
누렇게 벼 익던
넓은 들녘
야생화 무리지어 피어
발길 멈추게 하던 곳

모두가 시간의
여울을 타고 내리던
추억의 자리

장마당

노트르담
빈센터 마켓 앞
우리네 오일장을 본다
겹겹이 줄지어 선
옷가지 먹거리
특산품 치즈
오래된 물건 코너

세월의 뒤안길에서
건져보지 못한
애장품이라도
찾으려는 듯 기웃대는
피부색 다른 사람들의
인간 전시장

난 갈색 털이 고운,
어느 누가 멋을 냈을
밍크 모자를 샀다

머리 위에 얹힌 모자를 쓰고
이국의 거리를 걷는다

구암리 사람들

연지 입술인 양
빨간 동백 꽃망울

뻘밭 갓 헤쳐나온
갯바람

검은 눈가
햇살 잡히는
하회탈 쓰고
저마다 흥에 겨워
윙윙 벌떼 소리

일출과 일몰
사이에서
지킴이 된 등댓불
구암리

끌어올리는 그물망에
희망 담아 시름 잊고

취임새로 화답하는
동백꽃 피는 해변 언덕
구암리 사람들

수석 전시장에서

한 점 수석에도
혼불 넣어
살아나는 수석들

둥글거나 모나거나
오랜 세월 견디었을
장고의 목숨들

오늘따라
돌의 혼에서
배우는
또 하나의
생의 교훈

우정의 빛

전화벨이 울린다
“코로나니까 집에 콕 박혀 있어라”
오늘 먹거리
택배로 보낸다는 전갈
가슴 깊은 곳에서
자꾸 뜨거운 무엇이
솟아 올라온다

그렇지
내 벗의 오십 년 우정
적지 않은 숫자로
오밀조밀 짜여진
너와의 영원한 직조

준하의 첫걸음
—첫 손자

우리 아기 첫걸음마
그 신기함에 취했다
고운 모래밭
와라비 이스지압 호숫가
비척비척 세 걸음
떼 놓던 그날
세상은 온통 신비, 기쁨, 환호
주님께 두 손 모아
저 순수의 생명
감사 기도드린다

잊을 수 없는 것들

잊어버릴 수 없기에
그리움의 빛깔이
저리 고움을 알았다

잊어버릴 수 없기에
보고픔이 파도처럼 밀려와도
견딜 수 있음을 알았다

잊어버린 뒤 다시
기다림이 있다는 것을
창문 열고
새 아침 맞듯
그대의 발걸음 소리
귀 기울이고
있다는 것을 알았다

3
봄꽃 피다

계절 앞에서

그 열정의 시간들
메모리칩에
꼭 숨겨 놓았다

이미 빛이 사라진
어둠이 물들어 오고
이별의 시간이 오고 있다

가까이 아주 가까이
석양을 향해
가슴 풀어헤친 슬픔이여

떠나야 하는
추억의 연주곡

뒤돌아 볼 사이도 없이
노을은 바닷속으로
빠져버렸다

인생의 마지막
순간이 오듯

봄꽃 피다

겨울을 지나온
봄꽃들이 피다
추위와 고통을 견뎌내고 펴
더욱 아름다운 꽃들

꽃들에 취해
어질머리
안양천 둑길 아래
머리를 부딪치며
피워내는 꽃들의 경쟁

봄꽃으로 채워지는 길에
추억의 씨앗 하나 심어놓고 간다

자화상
—손녀

윤하는
푸른 숲속
산딸나무를 닮았다

나무 십자가 닮은
산딸나무 꽃
그 꽃
꼭 나를 닮았다

심훈문학관에서

짧은 생 하직하신
선생님의 고귀한 글들

맑은 정신
일편단심
조국 사랑
독립운동
이 땅의 심장
이 땅의 혈맥
당신은 이 나라의 큰 별

민들레

아무 곳에서나 뿌리내려
가혹한 겨울 한파도 이겨내고
눈밭에 발자국 찍는 발걸음
밑에서도 생명을 붙잡고
늘 목숨은 절체절명에서도
새봄이 오면
노랗게 샛노랗게 꽃대 세워
피어나는 인내의 상징
너 민들레여

청령포

천년 솔숲 사이로
예사롭지 않은 관음송
마음 의지할 곳 없이
홀로 지샌 짧은 생
풀벌레도 움츠렸다

두렵던 어린 눈망울
하늘 우러러 흘린 눈물
강물도 흘러가지 못하고
맴돌았을 단종 유배지

안타까운 역사
한 줄 되뇌고
좁다란 강 건너가지만
사방이 막힌 험난한 섬
구겨지는 슬픔
발길에 밟힌다

도리포항

환선 바위
갯내음 풍기는
한 그루 나무 아래 서서
칠산 앞 바다로 떠난
님 그리다 망부석이 된
여인의 전설을 듣는다

검은 머리 휘날리던
그 젊은 날
힘찬 고동 소리
항구에 다다르면
온 우주를 품은 듯
신이 나서 얼싸안을
님의 품에 스며든 시간

출렁이는 거센 파도
바닷길에 묻고
먼 바라기 되어
삶의 무게 너무 큰
어촌의 저녁

블루마운틴

바다 밑에서 솟아난
블루마운틴
세계에서 가장 좋은 공기
유칼립투스 군락지
스스로 폐활량 키운
친구들 빛나는 얼굴

폭포 위 아슬하게 자라는
삼억 년 전부터의 나이테를
공룡 소나무 깊은 호흡
피톤치드 피를 정화시키는
유칼립 돌들 고사리과 식물
석탄 원료라니 신기하다
협곡 아래엔 강이 흐른다지
암석 사이를 물처럼 흐르는 궤도열차
그 꿈같은 공간
블랙홀처럼 빨려들었다

무궁화

화려하거나 도도하지 않다
지치지 않는 끈기와 사랑
고운 맵시와 품위
삼천리 강산 무궁화 우리나라 꽃

이른 아침 꽃잎에 맺힌
이슬방울 애잔하여
눈물 머금은 소박한 꽃

흰빛인 듯 보랏빛
꽃술 같은 붉은 선혈
민족의 어머니인 양
이 아침 이슬 머금고 피었다

선돌에 다가서면

청아하다
선돌의 풍광
신선이 노닐던 곳이던가
서강의 푸른 강줄기

기암괴석
풀포기 어우러져
연둣빛 윤기 흐르는 절벽에
태양열보다 뜨거운 야생의 초인들

자연의 섭리 앞에
숙연해지는 발길
요란스런 치장 없이도
소박한 아리따움

하늘 병풍 두르고
비경을 돌아드는 솔바람
날개짓 친다

선돌에 서면

산나물

뚝갈 갬추 취나물
물기 짜 버무린
나물 한 재기
쌉쌀한 산나물
고향 냄새 먹고 자란
엄마된 친구들
우린 보약만
먹고 자랐어

살기 좋은 세상 만나
자식 효도 받을 때
떠오르는 엄마 생각
일생을 굶주림과
가녀린 몸으로
아픈 남편 뒷바라지
7남매 키워 내실 때
밤낮을 잊은 어머니
당신의 몸에선
늘 산나물 냄새

황홀한 시간

빗방울 간간히 떨어져도
눈이 닿는 공간 안에
한 장 한 장 뽑아낸 연서 한 장
주파수는 작동하지 않는데
하트 음계가 부산하다

싸늘한 공기층 가르며
우주를 맴돌 듯
부푼 맘 혀끝에서 분출되는
열기도 피어선 지고
다시 이는 그리움

진홍의 노을 속으로
달무리 희미한데
내 빛깔을 잃는다 해도
앉는 자리 밀어내지 마라
황홀한 시간
자꾸 보아지는 그곳

사람이 아름답다

얼굴 내밀고
온 세상 밝힐 듯
넉넉한 달빛
서울이 겹치는
모스크바 하늘 아래
이방인 되어
허공에 몸 드러내고
그 광채에 몸을 싣는다

밀림을 일궈낸
풍요가 일렁이고
반짝이는 나뭇잎
하늬바람에
몸 흔드는 저 갈채 소리

켜켜이 사람과 사람이
자연으로 하나가 된 곳
세상 어디서 보아도
달빛 아래 사람이
꽃처럼 아름답다

늦가을 빗소리

소낙비로
잠 깨우는 빗소리
목마른 잎새
갈증 삼킨다

어미 둥지 떠나
낙화하는 저 날갯짓
책 갈피에 고정했다
곱게 물든 단풍잎 하나

계절이 지나도
사라지지 않도록
소중한 기억
남기고픈 낙관

호수는

호수는
누구의 사랑과 그리움
노래하는가
맑고 그윽한 푸른 눈동자

목화송이 피어나는
구름 밭 위로
텅 빈 가슴 드러날 때
보고픔은 슬픈 눈물

호수는 나 보다
더 진한 가슴앓이 하나 보다
흰 구름 말갛게 씻겨줘도
채 마르지 않는
미완성의 풍경

소나무 공원

이른 아침
새들 무어라 교통하는 것일까
둥지가 많아졌나 보다

지난 여름 긴 장맛비
공원은 푸른 차양을 친 듯
하늘 닮아 높고 푸르다

햇살이 익어갈 때면
공원 속 까치들이 돌아온다
저녁을 준비 중

가을바람 일어
풍성하게 익은 잎들
채색 옷 갈아입을 채비
바람의 끝이 싸늘하다

때로는 고독이, 아픔의 하소연
그 속 어디에도

몸살 없기를

소나무 공원의 하루
마지막 기도의 시간

달그림자 물 무늬 지우는 호수

가까이 더 가까이
잔잔한 물무늬 좀 봐요
물결 위에 작은 돛을 세우고
고요히 이는
바람의 손을 잡는 수면

산소 방울 타고
수행하듯 휘돌아오는 바람
물의 심장 박동 소리 담아오면
무수히 반짝이는 은빛 광장

낮달이 수줍어하며
속내 다 드러내고
예쁜 울 안 버드나무 가지
드리워진 커튼 열고
일렁이는 하얀 모나리자의 얼굴

선계에서 수심에 이르기까지
맑은 내 눈빛 속 빛 그림자로
달그림자 물무늬 지우는 호수

진눈깨비

사월의 진눈깨비
온 세상을 하얗게 채운다
교회 종탑에도

가난한 이웃들
꽉 채우던 성탄절 같은
하얀 마음
진눈깨비 눈물
기도처럼 흐른다

진눈깨비 내리는
도시의 한 모퉁이
오래 서성대며
늦게 오는 버스 정류장
삭막함이 사방으로 번진다

4

공항 가는 길

천년의 사랑을 위하여
—영국의 결혼식

하나님!
먼 이국 땅 러시아에
사랑스런 신부 크류코바 블라다를
숨겨 놓으셨다가
아름다운 이 날
영국과의 부부연을
허락하심이여,

시월의 청청한 하늘 밑에서
두 사람 열정
사랑을 모두 뽑어 올려
순백의 백지 위에
행복의 새날을 그리게 하소서

이제 두 손 꼭 잡고
걸어가야 할 이 길
결코 평탄함만이 아니라
거칠고 험한 길
있을지라도 서로가 서로에게

위안이 되게 하시고
사랑의 성을 가꾸어 나가게 하소서

걱정의 눈바람이
턱까지 치밀어 온다 해도
견뎌내야 하는 인내의
용기를 갖게 하소서

아름다운 크류코바 블라다와 영국
이 한 쌍의
새로운 발걸음을 축복하소서
천년의 사랑이 되게 하소서

빗소리

사립문 밖
댑싸리 나무에
쌓아 올리던 빗방울
대롱대롱 매달린
은구슬 옥구슬

작은 텃밭에는
아직 여린 잎
고개 가누지 못하고
찬비에 움츠리던
고향 생각

비에 함빡 젖어
이끼 낀 개울 건너던,
두렵고 외로웠던
혼자 걷던 그날처럼

베란다 창을 쓸며
떨어지는 빗소리

침묵을 끌어올린다
동녘 하늘에
오색 찬란한 무지개 떴다

고향 집 어머니

풀벌레 목청 높여
노래하던 저물녘
흙 묻은 호미 두고
바삐 오신 어머니

마당에 내려앉은
그늘 보시고
손끝에 물 튀겨
앞치마 두르시고

하얀 분 가루 위
반듯하게 잰 듯
곱게 썰어 놓으신
홍두깨로 빚은 칼국수

뜨거운 가마솥에
국수가닥 익어갈 때
단내 나는
애호박의 속살

힘줄 늘어난 세월
곱게 접어 두었어도
그리움 밀려오는
하얀 수건 어머니 모습

가을비 우산 속

낙엽 위
가을비 내리는
검은 우산 속
인사동 거리
인사아트센터에 들어선다
혼신을 쏟아 낸 작가의
충혈된 눈빛을 위로하는
북악산 푸른 봉우리

능선 기슭에서 잔잔히
피어오르는 물안개
빗물 되어 흐르는
창가에 맺힌
진주 알

클랙슨 소음 없는
이 거리에서
느리게 이어지는 긴 행렬
주말을 함께해도 좋은 인연
문인화 그 길을 묻다

방석

화려함을 더하는
깃 술 가장자리에
살며시 기대인 듯
섬세한 여인의 숨결

사랑하는 이 오면
으레 마중하는
너의 따스함이
기억의 해를 거듭 쌓아도

심혈 담길 솔 피 따라
손끝에 묻어난
세심한 씨실과 날실
오래 두고 볼 일이다

공손한 예법
전례되는 귀한 자리
너를 보면 숱한 만남의
그립고 보고픈
추억들이 되살아난다

노래하는 보봉호

물보라 자욱한
비취의 눈
푸른 심장으로
고산 협곡을 이루고

산마루 가득찬 담수
아기 고기 전설에
귀 기울이며
잔잔한 호수를 돈다

유람선에서 부르는
청아한 목소리
노래로 맺어지는 결혼
전례되는 풍습

건강한 삶을
추구하는 가마꾼
토가족 온유한 용맹
습지 위에 날개 폈다

천문동에 올라

천문동 열린 문
자연 산굴을 통과한
4대의 비행 에어쇼
인류 최초 기네스
기록을 남긴 천문동

높이 오른 까닭
하늘 가까워서일까
신선이 거닐었을
천인합일의 경지
성벽으로 쌓은 하얀 길

일천 계단 올라
감격하는 말
오! 하나님
태곳적 서기에 든
거대한 풍광
천문동에 올라

사랑을 위하여

——친구의 딸 결혼식에서

오늘 여기
순결한 빛으로 핀
아름다운 선남선녀

서로의 이해와 사랑으로
첫발 떼는 날
그대들의 발걸음
마르지 않는 삶의
여정을 가기를

창 밖 새들의 합창과
봄빛 쏟아져 내리는 오늘
그대들의 머리 위
찬란한 창조주의 축복이
빛으로 내리소서
사랑과 헌신의 몸
하나가 되게 하소서

넝쿨장미

핏기없이
가시돋친 넝쿨
보아주는 이 없어도
사랑 놓지 않고
봄을 기다렸네
봄 어느 날
초경처럼 꽃송이 송이들
맘껏 피워낸
오월의 끝자락 생명들

그리움이 넘쳐
피어나듯이
오롯한 목숨이어
하늘의 미간을 활짝 여네

납골당

한식 날
스물 세 해 땅속에서 견디신
어머니 유골
한줌 하얀 재로

깔끔하시던 모습
눈 앞에 아른거려
수궁에 잠겼던 아픔
빈 무덤에 묻고

피울음 속에서
나누지 못할 사랑
어머니 목소리인 양
근심 말거라 하신다

인연의 뿌리
깊이 박힌 심지 되어
그렇게 뼈가 삭아도
놓지 않는 어머니 사랑

보릿고개

청보리 내음
바람 타고 싱그러운
향기 밀려올 때면
눈 큰 아이
땡볕에 앉아
아지랑이 아롱아롱
허기를 달랜다

우물 한 바가지
입 맞추며 들이키는
안쓰러운 자녀들과
어머닌 굶주린 허기
세로줄 까만 미끄러운
보리밥 몇 배로 퍼진
눈에 선한 찰진 보리죽
한 그릇

시월의 마지막 날

시월의 덕수궁
거대한 고목의
황금빛은
값비싼 골드인가

행인들의 발길
자욱마다 감사하며
꽃 덤불 속에
얼굴 마주하고

역사의 뒤안길
언니와 나누며
소중한 자취
사진으로 담는다

이스지압 강 언덕

새하얀 백설
무릎까지 쌓여도
떡가루인 양
푸근한 나의 사랑

봄이면 민들레 꽃
푸른 잎 가득한 강변
키 큰 전나무
향기로운 송림

부드러운 하얀 눈
꽃술에 입맞춤하면
사르르 녹아내리는
아이스크림처럼

휴양림 언덕 위에
아름답게 내려주는
하늘의 선물
모스크바 와라비

직행버스 터미널에서

그 아득한 초점
기다려본 사람들은 안다
버스 정류장에서
멈췄다 떠나가면
허전한 갈등
첫 차로 오겠다는 약속
난 단번에 맞을 준비 끝냈다

마중 길 사십 리
내리는 승객 주시하며
눈 반짝거리던
긴긴 나의 하루
새하얗게 떨며 가슴 졸이던
그 시간

땅거미 지고
산 마루 새벽까지
기다려도 오지 않던
아버지

스치듯 이는 그리움
아직도 기다림
남았지만

하늘로 떠나신
당신
지금도 내 가슴에
남아있습니다

타슈켄트
—며늘 아기들의 고향

10년이면 강산도
변한다는데
거리는 밝아지고
우뚝 솟은 빌딩

며눌 아기 듣고 자란
앞 뒤뜰 키 큰 나무 숲
새들의 노랫소리
색동 어린이 놀이터

낯설지 않은 타국
마음으로 하나된
2세들의 재롱도
함께 자라나고 있다

태양의 궤도를 따라
지구 아래 위를 돌며
국경을 초월한 사랑
맺어진 인연

고운 비 축복처럼
내리는 하루

갈등의 시간이다

갈등의 시간이다
말 없는 표정은
석상으로 남아

때론 그랬었다
사람의 마음
이율배반
그 속에서
선악의 공존
그 아우성

차단막 치고
외면으로 달려갈
그 어느 지점

아니다
너를 덮어야지
허망과 소중함 아껴
한 세월 함께 살아온 우리들

훗날에야 알게 될
갈등의 시간

초사흘 달

맑은 하늘가에
붓 끝으로 그려낸
초사흘 달
석양 빛 내려앉은
구름 날개 자락 가냘피
예쁘기도 하여라

오작교 오르내리듯
만남을 약속한
목조 터널식 교각 위
창공에 걸린 실눈 뜨고
내 발길 붙잡는
이국 하늘 하얀 초승달

공항 가는 길

햇볕 찬란히 반짝이는
공항 가는 갓길엔
갖가지 꽃들 피었다

잘 가라 손짓하듯
정다운 바람의 손길

제2여객터미널
세계가 자랑하는
인천공항
비상하듯 펼친
청사의 날개

활주로 육중한 몸체로
미끄러지듯 달려
모스크바 하늘을 향해
구름층 헤치고
날은다, 날아간다
돌아올 때까지
내 고국이여 안녕—

| 해설 |

순수서정과의 따뜻한 포옹

순수서정과의 따뜻한 포옹

정성수(丁成秀)

(시인·한국문인협회 부이사장)

김희진의 시는 우선 쓸데없이 난해하지 않다. 시 속에 무언가 특별한 의미가 있는 듯 가식적이고 그럴듯한 억지 제스처를 남발하지 않는다. 한마디로 시속에 허망한 '사(邪)'가 없다. 자신의 시상을 지나치게 꾸미고 장식하는 말장난이 없다. 시적 생각이나 표현이 아주 진솔하다.

따라서 시가 거침없이 스스로의 세계를 향해 잘 펼쳐져나간다. 누구나 편한 마음으로 부담없이 읽을 수 있고 시의 주제나 내용 속으로 시인과 함께 따뜻하게 스며들 수 있는 시, 독자를 향한 감동 전이가 특별한 장애 없이 수평으로 이동되는 그야말로 밀착형 상호포옹의 시다.

한국인이면 누구나 다 어렵지 않게 서로 손을 잡을 수 있는 대단히 인간적이고 보편적인 생활시이다. 다시 말하자면 김희진 시인의 눈앞에 펼쳐지는 이 세상 모든 삼라만상이 그의 눈에 띄기만 하면 하나도 남김없이 한 편의 편한 시로 재창조된다고 해도 과언이 아닐 정도다.

다음 시를 살펴보자.

지난밤 들리던
갈바람 흩날리는 소리
아침 창 열어
점점 맑아지는
귀를 연다

꽃잎 스쳤던 자리
호수처럼 맑고 깊은
마음의 마디마디
우리들의 발자취 남아
보랏빛 내일을 셈하며 걸었던
원시림 같은
아름다웠던 날들

이 가을 공손히 받는다

—「꽃잎 스쳤던 자리」 전문

1연~2연에서는 지난밤 소리치던 바람소리가 사라진 청명한 가을 아침을 맞이하는 시적화자의 편안하고 안정된 현재의 심리상태를 노래하고, 3연에서는 추억의 세계로 돌아가서 '꽃잎 스쳤던 자리/ 호수처럼 맑고 깊은/ 마음의 마디마디/ 우리들의 발자취 남아/ 보랏빛 내일을 셈하며 걸었던/ 원시림 같은/ 아름다웠던 날들', 즉 미래에 대한 꿈과 낭만 속의 순수하고 아름다웠던 지난날들을 회상한다.

4연에서는 시적화자가 지난날의 그 너무나도 아름답고 따뜻했던 모든 기억들을 다시 한번 '공손히 받듯이' 가슴 속 깊이 품어안는다. 젊은 날의 순수 서정을 노래한 추억의 가편.

다음 시를 살펴보자.

산의 마음에
내 마음 닿을 수 있을까
그 산길을 오른다

고요가 스러지는
햇살이 펴진다
어느새
나뭇잎 하나, 둘
머리 위로 떨어진다

새의 날갯짓을
닮아간다

켜켜이 쌓는 낙엽들의 습성
그 길 위를 걷는 아침 산책

—「가을 산책」 부분

'산의 마음에/ 내 마음 닿을 수 있을까/ 그 산길을 오른다', 즉 대자연의 오래된 섭리와 지구인인 시적화자가 자연 속에서 따뜻하게 하나가 되는 순간을 위해 오늘도 홀로 산길을 오르고 또 오르는 것.

'고요가 스러지는/ 햇살이 퍼진다'. 지구촌 어둠 속의 침묵과 고요를 녹여버리는 눈부신 아침 햇살. '어느새 나뭇잎 하나, 둘/ 머리 위로 떨어진다'. 어느새 가을, 단풍든 나뭇잎이 낙엽이 되어 시적화자의 머리 위로 한 잎 두 잎 예고된 대자연의 소식처럼 떨어져내린다. 허공 속에서 지상으로 떨어져내리는 낙엽이 마치 새의 날갯짓같다. 지구 위로 어쩔 수 없이 낙하하는 게 아니라 몇 마리의 새처럼 일부러 날개를 펴고 땅위로 소리없이 날아내리는 것만 같다.

'켜켜이 쌓는 낙엽들의 습성/ 그 길 위를 걷는 아침 산책'. 나무 위에서 낙하한 낙엽은 지상에서 지꾸만 쌓여가고 그 위를 걷는 아침 산책, 자연과의 교감, 대자연과의 소리없는 대화이다. 어느 날, 나뭇잎이 가지 위로 새로 돋아나서 초록빛 광채를 뿜어내다가 붉은빛 혹은 노란빛으로 변색, 노쇠한 자태로 지상으로 떨어지는 것, 허공 속 나뭇잎의 일생이 말하자면 지구별 위 사람의 한세상과 크게 보아 별로 다를 게 없지 않은가! 생명체들의 어쩔 수 없는 대자연의 질서, 생로병사…!
다음 시들을 살펴보자.

오직 한 사람만 열망하여
고개 돌려 태양을 본다
샛노란 꽃술 둥글게 펴
짜올린 열애의 방석

한 곳만 애모하는 맘
너무 커 빛바라기가
되어버린 망부석

일편단심
동쪽에서 서쪽으로
뼈 마디마디 까맣게
그리움이 박혔다

—「해바라기」 전문

잊어버릴 수 없기에
그리움의 빛깔이
저리 고움을 알았다

잊어버릴 수 없기에

보고픔이 파도처럼 밀려와도
견딜 수 있음을 알았다

잊어버린 뒤 다시
기다림이 있다는 것을
창문 열고
새 아침 맞듯
그대의 발걸음 소리
귀 기울이고
있다는 것을 알았다

—「잊을 수 없는 것들」 전문

온종일 눈부신 해의 광채를 바라보는 한평생 향일성의 꽃 '해바라기', '오직 한 사람만 열망하여/ 고개 돌려 태양을 본다'. 이 우주 하나에 대한 하나의 끝없는 사랑! '한 곳만 애모하는 맘/ 너무 커 빛바라기가 되어버린 망부석'. 해를 사랑하고 그리워하는 마음이 너무 커서 그야말로 한순간 빛바라기 망부석이 된 듯한 한 송이 해바라기꽃.

'일편단심/ 동쪽에서 서쪽으로/ 뼈 마디마디 까맣게/ 그리움이 박혔다'. 동녘에서 태어나 서녘으로 걸어가는 해의 광채를 따라 해바라기 가슴팍 속에서 자라나는 해에 대한 뜨거운 그리움의 씨앗들.

'잊어버릴 수 없기에/ 보고픔이 파도처럼 밀려와도/ 견딜 수 있음을 알았다'. 저 눈부신 해는 결코 '잊어버릴 수 없'는 존재이기 때문에 그에 대한 '보고픔이 파도처럼 밀려와도/ 견딜 수'가 있다. 뜨거운 사랑 앞에서는 그 어떤 문제나 고난도 다 참고 극복할 수가 있다.

'잊어버린 뒤 다시/ 기다림이 있다는 것을/ 창문 열고/ 새 아침 맞듯/ 그대의 발걸음 소리/ 귀 기울이고 있다는 것을/알았다'. 다시 만날 수 있는 내일에 대한 희망과 기대, 가슴 설레는 해의 발걸음 소리에 귀 기울이고 있는 해바라기. 일편단심의 그리움과 기다림과 무한열정, 그것이 사랑의 본모습 아닌가.

다음 시를 살펴보자.

윤하는
푸른 숲속
산딸나무를 닮았다

나무 십자가 닮은
산딸나무 꽃
그 꽃
꼭 나를 닮았다

—「자화상-손녀」 전문

의미심장한 시. 제1연, 시적화자의 손녀 '윤하'는 푸른 숲속, 즉 푸른 세상 속에 서있는 '산딸나무를 닮았다'. 그 다음 제2연에서의 반전이 놀랍다. 그 '산딸나무'는 그냥 평범한 나무가 아니라 기독교의 상징인 '십자가'를 닮은 것이다.

여기서 또 놀라운 반전. '그 꽃/ 꼭 나를 닮았다'. '산딸나무'를 매개로 한 할머니와 손녀의 닮은 점. 두 사람이 지닌 외모가 아니라 하나의 영혼, 즉 기독교 정신의 혈통 계승을 노래한 수작이다.

다음 시를 살펴보자.

가까이 더 가까이
잔잔한 물무늬 좀 봐요
물결 위에 작은 돛을 세우고
고요히 이는
바람의 손을 잡는 수면

산소방울 타고
수행하듯 휘돌아오는 바람
물의 심장 박동소리 담아오면
무수히 반짝이는 은빛 광장

낮달이 수줍어하며
속내 다 드러내고
예쁜 울 안 버드나무 가지
드리워진 커튼 열고
일렁이는 하얀 모나리자의 얼굴

선계에서 수심에 이르기까지
맑은 내 눈빛 속 빛 그림자로
달그림자 물무늬 지우는 호수

—「달그림자 물무늬 지우는 호수」 전문

제1연에선 시적화자가 독자에게 '가까이 더 가까이/ 잔잔한 물무늬 좀 봐요'라고 아름다운 물무늬를 보러 호수로 가까이 오라고 권유한다. 이런 경어체 청유형 수법은 시를 읽는 독자에게 자연스러운 친근감을 안겨주게 되어 편안한 마음으로 시의 내용에 다가갈 수 있게 해주는 긍정적 효과가 있다.

호수에 오면 '물결 위에 작은 돛을 세우고/ 고요히 이는/ 바람의 손을 잡는 수면'을 바라보게 될 것이다. 수면이 바람의 손을 잡는다는 표현은 지극히 자연스러워서 좋다. 자연 속에서의 바람과 수면, 즉 바람과 물의 만남이다.

제2연에선 감각적인 수법이 돋보인다. '산소방울 타고/ 수행하듯 휘돌아오는 바람'이 그것이다. 참신한 표현. '물의 심장 박동소리 담아오면/ 무수히 반짝이는 은빛 광장'. 바람이 '물의 심상 박동소리 담아' 온다는 표현도 신선하다. 그러면 호수 수면이 바로 '무수히 반짝이는 은빛 광장'이 된다.

제3연에선 낮달을 '예쁜 울 안 버드나무 가지/ 드리워진 커튼 열고/ 일렁이는 하얀 모나리자의 얼굴', 즉 달을 의인화시켜서 알 듯 모를 듯한 표정의 아름다운 모나리자에 비유한다. 은은한 광채의 달이 낮달이니, 더욱 은은하고 신비스럽다.

제4연에선 '선계에서 수심에 이르기까지/ 맑은 내 눈빛 속 빛그림자로/ 달그림자 물무늬 지우는 호수'를 노래한다. 신선 세상에서 호수의 물속까지 맑은 내 눈빛 속 빛그림자를 이용, 달그림자와 물무늬를 지워버리는 바람 이전의 고요한 원시 상태, 즉 대자연의 무애, 무풍의 아늑한 평정과 침묵의 세계로 말없이 되돌아간다. 투명한 자연 회귀이다.

다음 시를 살펴보자.

> 핏기없이
> 가시 돋힌 넝쿨
> 보아주는 이 없어도
> 사랑 놓지 않고
> 봄을 기다렸네
> 봄 어느 날
> 초경처럼 꽃송이 송이듬
> 맘껏 피어낸
> 오월의 끝자락 생명들
>
> 그리움이 넘쳐
> 피어나듯이
> 오롯한 목숨 이어
> 하늘의 미간을 활짝 여네

—「넝쿨장미」 전문

그야말로 '핏기없이 가시 돋힌 넝쿨'장미가 '보아주는 이 없어도/ 사랑 놓지 않고/ 봄을 기다렸'다. 핏기가 없고 가시까지 돋힌 고독한 넝쿨장미가 누가 보아주는 이 없어도 꽃에 대한 사랑과 기대를 저버리지 않고 따뜻한 봄날이 오기를 묵묵히 기다리는 것.

그러던 '봄 어느 날/ 초경처럼 꽃송이 송이들/ 맘껏 피어낸/ 오월의 끝자락 생명들'.

5월의 끝자락에 태어난 꽃의 생명체로서 소녀의 초경처럼 일시에 수없이 피어난 장미 꽃송이들의 놀라운 개화에 대한 찬미. 마지막에 시적화자는 '그리움이 넘쳐/ 피어나듯이/ 오롯한 목숨 이어/ 하늘의 미간을 활짝 여네'라고 노래한다.

장미꽃이 무수히 피어나는 것이 마치 그 어떤 뜨거운 '그리움이 넘쳐/ 피어나'는 것 같다고 한다. 그러나 그것은 단순한 아름다움의 표출이 아니라 넝쿨장미의 '오롯한 목숨을 이어가는' 위대한 생존의 행위이다. 따라서 넝쿨장미의 아름다운 개화는 푸른 하늘의 찌푸린 미간을 펴게 하는 멋진 예술적 퍼포먼스이자 꽃의 생애를 담은 작은 드라마이기도 하다.

다음 시를 살펴보자.

청보리 내음
바람타고 싱그러운
향기 밀려올 때면
눈 큰 아이
땡볕에 앉아

아지랑이 아롱아롱
허기를 달랜다

우물 한 바가지
입 맞추며 들이키는
안쓰러운 자녀들과
어머닌 굶주린 허기
세로줄 까만 미끄러운
보리밥 몇 배로 퍼진
눈에 선한 찰진 보리죽
한 그릇

—「보릿고개」 전문

지금은 이미 한때의 거짓말처럼 사라진 슬픈 한국말 '보릿고개'.

'청보리 내음/ 바람타고 싱그러운/ 향기 밀려올 때면/ 눈 큰 아이/ 땡볕에 앉아/ 아지랑이 아롱아롱 허기를 달랜다'.

어느새 식구들이 먹을 일용할 양식은 다 떨어지고 보리 이삭은 아직 채 여물지도 않아 제대로 끼니를 잇지 못해 눈만 커다란 아이는 홀로 땡볕 아래 앉아 아지랑이 아롱거리는 현기증 속에서 하염없이 허기를 달랜다.

대한민국 서민들 거의 전체가 너나 할것없이 기아선상에서 허덕이던 힘든 시절, 지금으로부터 약 60여 년 전 봄날의 슬픈 이야기다.

밥 대신 '우물(물) 한 바가지'로 허기진 뱃속을 억지로 채우는 가난한 집 아이들, 자식들을 배불리 먹이고 싶은 굶주린 어머니의 눈에 선한 '찰진 보리죽 한 그릇'…!

사시사철 배고픈 줄 모르는 이 시대의 넉넉하고 행복한 어린이들에게는 전혀 실감이 나지 않는 서럽고 쓸쓸한 대한민국 역사의 한 토막이다.

이처럼 김희진의 시는 쓸데없는 가식적 기교를 부리지 않고 처음부터 끝까지 대단히 진솔하고 따뜻한 순수서정의 축제 한마당을 연출한다. 앞으로 더욱 눈부신 자기만의 독특한 시 세계를 멋지게 펼쳐나가기를…!

김희진 시집_ 오늘도 하늘은 오렌지 빛깔

초판 인쇄 | 2022년 11월 1일
초판 발행 | 2022년 11월 5일

—

지 은 이 | 김희진
발 행 인 | 이광복
편집국장 | 김밝은

—

펴낸곳 | 사단법인 한국문인협회 月刊文學 출판부
주소 | 서울시 양천구 목동서로 225 대한민국예술인센터 1017호
전화 | 02-744-8046~7
팩스 | 02-743-5174
이메일 | klwa95@hanmail.net
등록 | 2011년 3월 11일 제2011-000081호
ISBN 978-89-6138-487-2 03810

—

값 10,000원

—